CATALOGUE

D'UNE GRANDE QUANTITÉ

DE PLANCHES GRAVÉES,

DESSEINS ET ESTAMPES,

*Dont la Vente se fera en la maniere accoutu-
mée, en une Maison, rue du Foin, Quartier
Saint Jacques, le Lundi 17 Décembre 1764,
de relevée.*

Par F. BASAN, Graveur.

Se vend,

A PARIS;

Chez DE LORMEL, Libraire-Imprimeur,
rue du Foin, à l'Image Ste. Geneviéve.

M. DCC. LXIV.

AVERTISSEMENT.

LE Sieur BASAN n'ayant pas voulu répéter à chaque article, le mot de belle, ou superbe épreuve, a préféré de ne le mettre à aucun ; mais il a eu soin de ne rien citer, dans le préfent Catalogue, qui ne mérite l'un ou l'autre épithete : ainfi, Meffieurs les Curieux, qui ne pourront pas voir par eux-mêmes, font tenus pour avertis, afin de n'avoir aucun doute ni incertitude, pour donner leurs commiffions. Il y a beaucoup d'articles dans les paquets ou lots, qui font partie des Porte-feuilles, qui font intéreffans.

On commencera ladite Vente, par les Planches gravées. Il y a plufieurs articles de Sculpture, comme l'Enfant de Pigal, & autres Figures entieres. Il y a auffi des Deffeins de Boucher, & autres qui font encadrés, ainfi que de belles Eftampes.

CATALOGUE

*D'UNE GRANDE QUANTITÉ DE
Planches gravées, de Deſſeins
& Eſtampes.*

Sept cens cinquante Planches de diverſes grandeurs & ſujets, gravées par SA DELER, d'après différens Maîtres, leſquelles feront diviſées en pluſieurs articles,

Sç AVOIR;

Nᵒ. 1. LEs 12 Empereurs & les 12 Impéra-trices.

2. Les Ruines de Rome, en 51 planches.

3. La Paſſion, en 12.

4. La Paſſion, en 14 petites.

5. { Les Hermites & les Hermiteſ-ſes, Les Anachoretes & les Fem-mes Solitaires. } 133 pl.

6. L'Hiſtoire de la Bible, en 38.

7. Les Philoſophes Grecs. en 43.

8. Les 12 Mois, & les 4 Saiſons.

A ij

Nº. 9. La Science du bien & du mal, en 28 pl.

10. Soixante-treize Paysages de diverses grandeurs, d'après Breugel & Stephani.

11. Douze Vases, d'après Polidore.

12. La Vierge au Hibou, d'après Albert Durer, & divers autres Vierges d'après différens Maîtres.

13. Le Massacre des Innocens, d'après le Tintoret.

La Résurrection de N. S. du même.

L'Empereur Rodolphe à cheval.

14. La Descente de Croix, d'après Baroche.

Les trois Maries au tombeau

15. Cinq cens vingt-deux Planches, gravées par Israël Sylveftre, représentant des vues desfinées d'après nature, lesquelles feront aussi divisées par parties, suivant les différens endroits qu'elles représentent : il y en a de Rome & des environs de Paris, Versailles, Fontainebleau, S. Germain, & autres endroits connus.

16. Cinquante-quatre par Callot ; sçavoir, les 12 vues de Florence, la Passion, les Bohémiens, les Supplices, &c.

17. Le plafond du Sallon de l'Aurore, à Sceaux, en 4 planches, d'après le Brun.

18. Les Pavillons de Marly, en 14.

19. Le Massacre des Innocens, grande composition d'après le Brun, gravé par Loir, en deux grandes planches.

20. Louis XIV. à cheval, grande These en deux planches, gravées par Edelinck, d'après le Brun.

21. La Bataille & le Triomphe de Conftan-

Nº. tin, gravées par Gerard Audran ; ces deux morceaux font compofés de fept planches.

22. Le Plafond peint par le Brun, dans la Chapelle du Séminaire de S. Sulpice, en trois planches.

23. Un Abrégé Chronologique pour fervir à l'Hiftoire Eccléfiaftique, en deux grandes planches.

24. Vingt-cinq planches repréfentant Morts, Payfages, & Marines, par Della Bella.

25. Quatre Sujets de Paravent, repréfentant les Saifons, d'après Watteau.

26. Le Jeu du Triomphe de la vertu.

27. Deux Crucifix d'Arras.

28. Deux planches, gravées par Flipart d'après Chardin, repréfentant un Deffinateur, & une Couturiere.

Une autre, repréfentant le Maître & fes Eleves.

29. Les Modes & Habillemens des différentes Nations du Levant, deffinées d'après nature, en 119 planches in folio, avec l'explication, par Feriol.

30. Six Sujets de dévotion, en pieces ceintrées fines.

31. Cinquante Pieces au chapelet, Sujets divers, Myfteres, Saints & Saintes.

32. Cent cinquante planches de diverfes grandeurs & fujets.

33. Soixante-quinze petites planches de Vaiffeaux par Gueroult.

34. Quatre-vingt-quatorze Pieces ceintrées communes, fujets de dévotion.

Nº. 35. Deux planches sur le grand Aigle, la descente de Croix, d'après le Brun, l'*Ecce-Homo*, d'après Vandyck.

36. Quatre planches au chapelet, sujets de chasse.

37. Un grand Crucifix en trois planches, & la Magdeleine en deux feuilles.

38. Cent quatorze Pieces au chapelet, sujets de dévotion, Mysteres, Apôtres, Saints & Saintes, lesquelles seront divisées.

39. Cinquante-quatre planches de Figures pour la Philosophie.

40. Cent cinquante planches de diverses grandeurs & sujets, lesquelles seront détaillées.

PORTE-FEUILLES.

Desseins & Estampes.

41. Un Porte-feuille contenant divers bons desseins de Maîtres, Italiens, Flamands & François, lequel sera détaillé.

42. Un Porte-feuille d'Estampes de différens Maîtres anciens, dans lequel se trouvent les articles suivans qui seront détaillés.

43. Quatre Estampes par Albert Durer, le Cheval de la Mort, la Mélancolie, le Saint Hubert, &c.

44. Le Pandore, par le même.

45. Le Saint Jérôme, & l'Enfant prodigue, par le même.

46. Le Triomphe de Bacchus & la petite Foire de Venise, par Th. de Briy.

47. Vingt-deux Pieces de forme longuette, par le même.

48. Le Jugement dernier, par M. Rota d'après M. Ange, bonne épreuve, & le même sujet de même grandeur, d'une autre composition, gravé par Anselme Boetius de Boot.

49. Trois Copies différentes du petit Jugement de M. Ange.

50. Le grand Jugement du même, en dix Pieces, & le même en une, gravé par Bonasone.

51. Le Triomphe de l'Euchariftie, & l'Ecole d'Athenes, Piece de deux feuilles, par G. Mautuan, d'après Raphaël.

52. Les six Angles de la Chapelle Sixte à Rome, par le même, d'après M. Ange.

53. Le massacre des Innocens, par Marc-Antoine, d'après Raphael, épreuve avec le petit Arbre en pointe, & la même sans ce petit Arbre.

54. Le *Quos Ego*, & Joseph expliquant ses songes, par les mêmes.

55. Ananie, puni de mort, des mêmes.

56. Seize Eftampes gravées par Auguftin & Annibal Carrache, dont le petit couronnement d'épines, les Apôtres & la Vierge, à l'écuelle.

57. Cinq, par Auguftin Carrache, la Transfiguration de N. S., la Vierge au manteau, la Paix & l'Abondance, & le Pendant, &c.

Nº 58. Deux, par le même, d'après le Tintoret ; S. Jérôme, & S. Antoine.

59. La grande Adoration des Rois, en trois
feuilles, par le même.

60. Le grand Calvaire, en trois feuilles, par
le même, d'après le Tintoret.

61. Le S. François & l'Annonciation, composés & gravés par Baroche.

62. La grande Bataille de Constantin, d'a-
près Raphaël, gravée en quatre feuilles,
par Aquila.

63. La même, *idem*, par Scalberge, Peintre.

64. Deux d'après P. de Cortone, à l'eau-
forte, par Aquila ; la Bataille d'Alexandre,
& l'Enlévement des Sabines.

65. Huit grandes Compositions, par les mêmes.

66. Trois grandes Pieces, composées & gravées par S. Rose : le Supplice de Régulus,
le Tyran Polycrate crucifié, & la Chûte
des Anges.

67. Les Soldats, & Figures de fantaisies, par
le même, en 60 Pieces.

68. Trente-une Pieces composées & gravées
par Bened. Castiglione, Sujets & Têtes.

69. Deux Estampes à l'eau-forte, dont un
grand sujet de Vierge, composé & gravé par
le Guide, & la Communion de S. Jérôme, d'après le Dominicain, par C. Testa.

70. Trois grandes eaux, fortes, dont les Noces
de Cana, par Vanni, en deux feuilles,
d'après P. Veronese ; la Magdeleine aux
pieds de N. S. par Mitelli, d'après le
même, &c.   Nº. 71.

Nᵒ. 71. Quatre grandes Compositions, en hauteur, gravées par Frey, d'après le Dominicain, C. Maratte, &c.

72. Le Mariage de Sainte Catherine, belle composition d'Augustin Carrache, gravée par Farjat, & la Naissance de la Vierge, d'après Annibal Carrache, par V. Auden-aerd.

73. Trente Estampes composées & gravées par P. Testa.

74. La Galerie du grand Duc, d'après P. de Cortone, par Blomaert, en vingt-six Pieces.

75. Quatre grands Sujets, gravés à l'eau-forte par Winstanley, d'après P. Veronese, L. Jordans, P. de Cortone, &c.

76. La Vierge, d'après le Corege, gravée par Spiere, premiere épreuve avant le petit Arbre dans le fond, d'une conservation parfaite.

77. La même Estampe avec le petit Arbre, & la Sainte Martine, d'après P. de Cortone, par le même.

78. Le Christ sur les flots de sang, par le même, d'après le Bernin, premiere épreuve.

79. N. S au Jardin, d'après le Carrache, & un petit Christ au tombeau, d'après Raphaël, toutes deux gravées par Wostermans.

80. La Transfiguration, d'après Raphaël, gravée en deux feuilles par Thomassin, & l'Assomption de la Vierge, par Matham, d'après Zucharro.

81. La même Transfiguration, gravée par

Nᵒ. C. Cort ; & Tarquin & Lucrece, par le même.

82. L'Adoration des Bergers , d'après Raphaël, par Blomaert, & la Sainte Famille par Edelinck, après les armes effacées.

83. Les sept Pénitens, d'après le Mutien, par C. Cort, dont plusieurs épreuves avec la poire.

84. Deux Estampes par Villamene , dont la Descente de Croix d'après le Baroche, & la Vierge & S. François.

85. Un S. François au Desert, par le même, & S. François stigmatisé, d'après le Baroche.

86. Les Gourmeurs, par le même , & l'Antiquaire faisant le pendant.

87. Huit moyennes Pieces par le même, dont quatre Pénitens , & quatre Figures grotesques, & diverses autres du même.

88. Diverses Estampes détachées des volumes de la Galerie Royale de Dresde, lesquelles se vendront séparément.

Le Portrait d'un Ministre, d'après le Corege, par Tanjé.

Un Portrait d'après L. de Vinci , par Fockema.

Une Tête de Vieillard , d'après Rembraudt, par Tanjé.

Joseph & Putiphar, d'après Cignani, par le même.

Tarquin & Lucrece, de L. Jordans, par le même.

La même, premiere épreuve avant la Lettre.

Nᵒ. Les Enfans de Rubens, par Daullé.

La Magdeleine du Corege, par le même.

Le *Quos Ego*, d'après Rubens, par le même.

Sémiramis & Ninus, d'après le Guide, par Preissler.

La Vierge & S. Jérôme, *idem*, par Surugue.

L'Assomption de la Vierge du Carrache, par Camerata.

Estampes Flamandes.

89. Un Porte-feuille de diverses Estampes dont on vendra séparément les articles suivans.

90. Deux grandes Eaux, fortes, composées & gravées par Bart. Breemberg ; le Martyre de S. Laurent, & Joseph établi Gouverneur de l'Egypte.

91. La Susanne, d'après le Guide, par C. Vischer, & deux petites Têtes, par le même ; sa mere & son frere J. Vischer ; & le petit Concert, d'après Brower.

92. La Bataille des Hussards, le Four à Tuile & le Pendant, par Vischer, d'après Bamboche.

93. La Sainte Famille à la danse des Anges, d'après Vandyck, par Bolsvert.

94. Le grand Couronnement d'épines, par les mêmes,

95. Le grand Christ, avec S. Dominique & Ste. Therese au bas, par les mêmes.

96. Samson & Dalila, d'après le même, par Snyers.

N°.97. La Pêche miraculeuse, d'après Rubens, en trois feuilles.

L'Adoration des Rois, *idem*, en 2 feuilles.

98 La Pentecôte, *idem*.

99. La Vierge & plusieurs Saints, grande composition, dont le tableau est aux Augustins d'Anvers, par Snyers.

100. L'Adoration des Rois, grande composition, par Ryckmans, très-rare.

101. Les Adorations des Rois & des Bergers, par Wostermans.

102. La Cêne, par Bolsvert.

103. La descente de Croix, par Waumans, rare.

104. N. S. entre les 2 Larrons, à qui on perce le côté, par Bolsvert.

105. La grande descente de Croix d'Anvers, par Wostermans.

106. Le Lazare ressuscité, par Bolsvert.

107. La chûte des Anges, en 2 feuilles, par Suyderoef, épreuve avant les draperies mises.

108. Daniel dans la fosse aux Lions, par Leeuw.

109. Le S. Roch, par P. Pontius, & le denier de César, par Wostermans.

110. La Susanne, par Wostermans, & le Mariage de Sainte Catherine, par P. de Jode.

111. Les Pélerins d'Emmaüs, par Witdouc & Progné; par P. de Balliu.

112. La Conversion de S. Paul, par Bolsvert.

113. La Tête de Cyrus plongée dans le sang, par P. Pontius.

Nᵒ. 114. Achille reconnu, par C. Viſcher.

115. Les trois Grâces, par P. de Jode, &
& la Terre ornée, par Vandalen, piece en
deux feuilles.

116. Le Tombeau de Rubens, par P. Pontius.

117. Le Combat des Amazones, en 6 Pieces.

118. La Chaſſe aux Lions, par Bolſvert.

119. La Chaſſe aux Lions & aux Tigres, par
Suyderoef.

120. Quatre grands Sujets de l'Hiſtoire de
Décius, gravées à Vienne.

121. Neuf Eſtampes gravées d'après le même, par pluſieurs Peintres Flamands,
Kraft & autres, Sujets divers.

122. Le Reniement de S. Pierre, & une Aſ-
ſemblée de Buveurs, d'après Seghers, par
Bolſvert.

123 Six Eſtampes d'après le même, d'un
effet très piquant, par Bolſvert & autres,
dont N. S. chez Nicodême, Sainte Cé-
cile, la Magdeleine au Déſert, & deux
compoſitions différentes du Reniement de
S. Pierre, en petit.

124. Le grand Payſage, par Jſ. Maïor, d'a-
près R. Savery.

125. Les Amours des Dieux, en trois pieces,
par Goltius.

126. Les trois Déeſſes en ovale, par le même,
& un Sujet ſur la Peinture, en 2 feuilles,
par Spranger.

127. Trois Pendans, d'après Goltius, par
Saenrdam, Vénus, Bacchus, & Cérès.

128. Le petit Bain de Diane ; & Mars &
Vénus, par Saenrdam.

N°.129. La Dispute d'Apollon & de Midas, grande composition de Goltius.

130. L'Union de Vénus, Bacchus & Cérès, par Saenrdam.

131. La Galathée, d'après Raphaël, par Goltius.

132. Mars & Vénus couchés, & le Pendant, composés & gravés par Goltius.

133. Quatre Pieces, dont l'Apparition aux Bergers, par Saenrdam; les 4 Peres de l'Eglise, par Blomaert, &c.

134. Trois Pieces, Persée, armé pour aller combattre le Dragon, Cadmus dévoré par un Dragon, & Arion jouant de la harpe sur un Dauphin, par Muller, &c.

135. Les Sept Planettes, par Saenrdam.

136. Six petites Estampes par Goltius; les quatre Saisons, Loth & ses Filles, & la Peinture.

137. Dix-sept autres, par Goltius & Ghein, dont les 9 Muses, &c.

138. Le Repas des Dieux dans l'Olympe, par Goltius, d'après Spranger.

139. Le Massacre des Innocens, d'après le Tintoret, par Sadeler, original & copie.

140. Les 4 Saisons & la Laitiere, d'après le Bassan, par le même.

141. Les 4 Têtes, faites au ciselet, par Lutma.

142. J. C. présenté au Peuple, grande composition par le Titien, gravée par Hollard.

143. La Magdeleine au desert, par le même, d'après Avont, rare.

144. Le Portail de la Cathédrale d'Anvers, idem.

N°.145. Trois Pieces, par le même, le Lievre,
le petit Payfage, d'après Breugel, &c.

146. Plufieurs Eftampes, par R. de Hooge,
& Luycken, dont le Maffacre de la S.
Barthelemi, &c.

147. Environ 20 grands Payfages par Nic. de
Bruyn ; Foires, & autres fujets.

Porte-feuille d'Eftampes de Rembrandt, & autres dans fa maniere.

148. Onze petites & moyennes Têtes, dont
plufieures rares & avec différence.

149. Cinq petits Sujets divers, dont l'Heure
de la mort, &c.

150. La petite Tombe, & les Pélerins d'Emmaüs, N°. 90, du Catal. de Gerfaint.

151. La Mort de la Vierge.

152. La Piece de cent Florins, ou guérifon
du Paralytique.

153. J. C. prefenté au Peuple, N°. 79, du
Catal. de Gerf. la deuxieme épreuve.

154. Les trois Croix, N°. 80, du même
Catal.

155. Le grand *Ecce-Homo*, & la Defcente
de Croix.

156. Jofeph expliquant fes fonges, deux
épreuves différentes, dont l'une avec les
Têtes blanches ; & Agar répudiée.

157. N. S. mis au tombeau, N°. 87, du
Catal. de Gerf.

No. 158. Les trois Croix en ovale.

159. N. S. Enfant, prêchant aux Docteurs, deux épreuves avec différence; la Samaritaine, N°. 71, du Catal. de Gerf. 2 épreuves avec différence.

160. N. S. au Jardin des Oliviers, premiere épreuve, & la Synagogue des Juifs, N°. 122, du même Catal.

161. L'Apparition aux Bergers, & la petite Tombe, avec des changemens pour l'effet.

162. Le Samaritain, avec la queue du cheval blanc, très-rare.

163. La même Estampe, avec la queue noire.

164. Saint Pierre à la porte du Temple. Le même, avant d'avoir été ébarbée.

165. Mardochée.

166. Le petit S. Jérôme au tronc d'arbre.

167. Le même Saint, N°. 104, du Catal. de Gerf.

108. Le Chien dormant.

169. La Femme dormant découverte par un Satyre.

170. La Femme au Poille, avec la clef.

171. Le Portrait de Lutma.

172. Le Portrait d'Asselyn.

173. Le même, avec le Chevalet, très-rare.

174. Le Juif à la rampe.

175. Le petit Portrait de Copenol. N°. 262, du Catal. de Gerf.

176. Le Portrait de Copenol, en grand.

177. Clement de Jonghe, avant le fond.

178. La grande & la petite Mariée Juive.

179. Cinq Paysages divers.

N°. 180.

Nᵒ.180. La copie du Banquier, Peſeur d'or, très-bien faite, par le Chevalier Baillie, Gentilhomme Anglois, 2 épreuves différentes, dont une avant la tête.

181. La Barque de S. Pierre, grande piece, gravée d'après Rembrandt, par un Peintre Hollandois ; & Vertumne & Pomone.

182. David devant Saül, par V. Leeuw, & la Vieille qui lit, par Van-uliet.

183. L'Eunuque baptiſé, grande piéce, par Van-uliet.

184. Loth & ſes Filles, par le même.

185. Le Sacrifice d'Abraham, par F. Bol.

186. Saint Jérôme, une tête de Vieillard ; par le même,

187. Quatre Pieces, par Smyth, Graveur Allemand, d'après Rembrandt.

188. Une grande compoſition, d'après Eckout, diſciple de Rembrandt, par le Chevalier Baillie.

189. La même, avant la Lettre.

190. Sept Sujets & Têtes, par le même, d'après Rembrandt.

191. Une Bataille, par le même, d'après Bourguignon.

192. Cinq Têtes, par Worlidge, Peintre Anglois.

193. Diverſes Eſtampes en maniere noire, gravées par Smyth, & autres, dont les Amours des Dieux.

193. *bis*. Cinquante petites Pieces à l'eau forte, compoſées & gravées par Dietrichy, Peintre Saxon.

Nº. 194. UN PORTE-FEUILLE D'ESTAMPES, de Labelle, Callot, Picart, le Clerc & Cochin, dont les Pieces principales sont,

195. Le Mont des Philosophes, & le Rocher, par Della Bella.

196. Le Saint Prosper, *idem.*

197. Le Pont-Neuf, avant la girouette sur la Fleche du Clocher de S. Germain-l'Auxerrois, *idem.*

198. Le Reposoir, *idem.*

199. Six Sieges, & le Char de triomphe de Louis IV. *idem.*

200. Huit Pieces, par Callot, le Massacre des Innocens, S. Jean dans l'Isle de Patmos, les trois petits Sacrifices, le Passage de la Mer rouge & la petite vue de Paris.

201. Quatre, par le même, la Carriere de Nancy, la Chasse & les deux vues de Paris.

202. Trente *idem*, les Supplices, &c.

203. Quatre *idem*, le Rocher, l'Eventail, le Jeu de boules & les Mesureurs de grains.

204. La Tentation de S. Antoine, dédiée à M. de la Vrilliere & la grande Foire de Nancy.

205. Trois Portraits, *Ditto*, le Senateur, Dervet, & Delorme.

206. L'Homme aux Escargots, & la Pandore, avant le Foudre dans la main de Jupiter, très-rares.

207. L'Arc de triomphe, par le Clerc.

208. L'entrée d'Alexandre dans Babylone, avec la Tête de profil.

N⁰.209. La même Eſtampe, avec la Tête de face, & l'Académie des Sciences.

210. Les 12 Noces ou Epithalames, par B. Picart.

211. Le Maſſacre des Innocens avant la Couronne.

212. Soixante Vignettes, par Picart, Focke, & autres.

213. UN PORTE-FEUILLE D'ESTAMPES, Françoiſes & Angloiſes ; dont il ſera vendu ſéparément.

214. Le Tems qui enleve la vérité, d'après le Pouſſin, par Ger. Audran, avant la draperie.

215. Le Pyrrhus en deux feuilles, & pluſieurs autres Pieces rares.

216. Les ſept œuvres de Miſéricorde, compoſés & gravés par Seb. Bourdon, avec la bonne adreſſe.

217. Le grand Chriſt aux Anges, en deux feuilles, le S. Louis & S. Charles, tous trois d'après le Brun, par Edelinck.

218. La Magdeleine des Carmelites, par les mêmes, épreuve avant la bordure.

219. La Conquête de la Franche-Comté, d'après le même, par Simoneau.

220. Les grandes Batailles d'Alexandre, *idem*, par Ger. Audran, épreuves de Goyton.

221. Les mêmes, d'une feuille, par J. Audran.

222. Les mêmes, copiées par B. Picart, avec des bordures autour.

223. Les Tapiſſeries du Palais Royal, l'Hiſtoire de Méleagre, en huit Pieces, par

Nº. Picart , avec des bordures.

224. Les quatre Conquêtes, rares, par le Clerc d'après le même.

225. La Galerie du Préſident Lambert , en ſeize Pieces, d'après le même , par Picart.

226. Les quatre Elémens , de Boulogne , par Deſplaces , avant les draperies.

227. Le Cabinet de Girardon , en ſix grandes Pieces , par Chevalier.

228. Sainte Geneviéve, d'après Carle Vanloo, par Balechou , premiere épreuve.

229. Le Serpent d'airain , en deux feuilles , par Maſſon , d'après le Brun.

230. Quatre grands Sieges , Par Vandermeulen ; dont celui de Dunkerque , par R. de Hooge.

230. *bis*. L'œuvre de Mellan , compoſé de plus de deux cens trente Pieces , petites & grandes , le S. Pierre Nolaſque n'y eſt pas.

231. Deux Eſtampes d'après G. Dou & Mieris, par Wille, & Beauvarlet , avant la lettre.

232. Quatre Payſages avant la lettre, par Aliamet, d'après Vernet & autres.

233. Deux Eſtampes d'après Boucher , par Daullé & Gaillard , avant la lettre.

234. Actéon , métamorphoſé , belle compoſition de Ph. Lauri , par Woolett, avant la lettre.

235. Lucrece déplorant ſon fort , d'après Cazali , par Ravenet, avant la lettre.

236. Le Silence , d'après Greuze , par Cars & Jardinier , avant la lettre.

237. Le Pere de Famille , *idem* , avant la Lettre.

N°. 238. Le geste Napolitain, d'après le même, par Moëtte, avant la lettre.

239. Le Jugement de Paris & l'Enlévement d'Europe, par Beauvarlet, d'après Jordans, avant la lettre.

240. La Tempête, d'après Vernet, par Balechou & les filles de Niobé, par Woollett, d'après Wilson.

241. Deux grands Paysages, d'après Claude Lorain, par le Bas & Woollett.

242. Deux grands Paysages, d'après Smyth, Peintre Anglois, par Woolett.

243. Le Manege, par Major, d'après Wouvermans, la grande Fête de Village, d'après Teniers, le Retour du Marché, par Strange, d'après Wouvervans, & autres Pieces, par les mêmes.

244. Deux grands Paysages, d'après Cl. Lorain & Patel, par Vivares.

245. Un petit Porte-feuille, rempli de vignettes, d'après Gravelot & autres.

245. *bis.* Un Porte-feuille contenant une quantité d'Epreuves sans lettres, & à l'eau forte, par G. Audran, d'après le Brun, & par L. Cars, d'après le Moine, Vanloo, Boucher, &c.

La These de M. de Ventadour, & autres grandes Theses, par Edelinck.

---

246. UN PORTE-FEUILLE DE TRES-BEAUX PORTRAITS, dont les suivans seront vendus séparément.

247. Quinze Portraits de Sadeler, de ses plus

N°. beaux, dont la Femme au Negre.

248. Six Portraits gravés par Smyth, l'Anglois Philosophes & Artistes, Newton, Pope, Locke, Sanderson, Kneller & Smyth.

249. Quatre, par le même, Pierre le Grand, Czar, la Reine Marie, Cromwell, &c.

250. Sept, par Wille, M. de Belle-Isle, le Card. Tencin, M. Quesnay, le Comte d'Aumale, le Pere Singlin, &c.

251. Six Actrices célebres, la Duclos, la Pelissier, la le Couvreur, Desmares, de Seine & Silvia, par Daullé & autres.

252. Les douze Comtesses de Vandyck, par Lombard.

253. Huit, par Corn. Vischer, dont Alexandre VII. de deux grandeurs, Rob. Junius, Scriverius, Bouma, &c.

254. Trois Grands Amiraux Hollandois, par Bloteling & autres, dont, Kortenaer, Vanderhulst & David Vlugh.

255. Quatre, par Nanteuil, l'Avocat d'Hollande, avant la Lettre, le petit Loret, la Mothe le Vayer, & Castelnau.

256. Cinq, par Masson, Dormesson, Turgot, Dupuis, Brisacier, &c.

257. Madame Boucher en Vestale, par Dupuis, d'après Raoux, avant la lettre, & la Comtesse de Narbonne, par Daullé, d'après Lattinville, rare.

258. Samuël Bernard, par Drevet.

259. Le Comte de S. Florentin, par Wille.

260. George troisieme, Roi d'Angleterre, en pied, par Ryland, d'après Ramsay.

261. La Reine de Pologne en grand, par Daullé.

Nᵒ. 262. L'Impératrice de Ruſſie, dernicre morte, grande Eſtampe en pied, gravée à S. Péterſburg, par Smyth, d'aprés Tocqué.

RECUEILS D'ESTAMPES, RELIE'S ET, BROCHE'S.

263. L'œuvre de la Fage, mis au jour, par Vanderbruggen, *in-folio*, en parchemin.

264. Le Jardin des Heſperides, avec des fig. de Blomaert, par J. B. Ferari, en parchemin.

265. Recueil de Sculptures Antiques, Grecques & Romaines, qui compoſoient le Cabinet de M. Adam, *in-4°*. broché.

266. Les Loges de Raphaël, en cinquante-deux morceaux, très-bien gravés, par Fantellus, relié en carton.

267. Les mêmes, par Chapron, premieres épreuves, reliés en veau.

268. Les mêmes, gravées à l'eau-forte, par Siſto Badalocdi & Lanfrandi, en petit.

269. La Vie de N. S. de la Vierge, &c. d'aprés Willembaure, par Melchior Kuſſel, en cent quarante-cinq Eſtampes, réliée en veau.

270. Les Ruines de la Grece, par le Roi, *in-folio*, relié en carton.

271. Le Livre à deſſiner de Blomaert, en cent ſoixante-ſix feuilles, broché.

272. Quatre-vingt-quatorze Payſages de Waterloo, gravés par lui-même, brochés en carton.

273. Hiſtoire des Inſectes de l'Europe, par

N°. Sibilie Merian, en cent quatre-vingt-quatre Pieces, avec le discours, *in-folio*, broché.

274. Les Nations du Levant, en cent Planches, en feuilles avec le discours.

275. L'œuvre de Sadeler, en plus de 500 Pieces, broché.

276. L'Anatomie de Cowper, avec de superbes figures, *in-folio*, broché.

277. Les Fables de la Motte, par Gillot, reliées.

278. L'œuvre de Simon Voüet, relié.

279. Le Roman Comique, par Oudry, en vingt-six Pieces, broché.

280. Les Métamorphoses d'Ovide, par Tempeste, reliées.

281. Le Catalogue des Chevaliers de l'Ordre du S. Esprit, depuis l'institution jusqu'à présent, Paris 1760, *in-folio*, veau fauve doré sur tranche, avec des vignettes, d'après Gravelot, par L. Cars.

282. Le Catalogue de l'œuvre de Rembrandt, avec le Supplément, plusieurs autres de Gersaint, & autres.

FIN.

Lu & approuvé ce présent Catalogue, à Paris ce 8 Décembre 1764.

LE CLERC.

Vu l'Approbation, permis d'imprimer & distribuer ce 10 Décembre 1764.

DE SARTINE.

www.ingramcontent.com/pod-product-compliance
Ingram Content Group UK Ltd.
Pitfield, Milton Keynes, MK11 3LW, UK
UKHW021639130726
13696UKWH00005B/2299